LÉONARD

# LÉONARD

31

# DODO DE GÉNIE

turk & de groot

LE LOMBARD
LA BD DES 7 A 77 ANS

Première édition



D/2001/0086/180
ISBN 2-80361-632-7

Dépôt légal : Mai 2001

**LES EDITIONS DU LOMBARD**
7, AVENUE PAUL-HENRI SPAAK - 1060 BRUXELLES - BELGIQUE

## dodo de génie

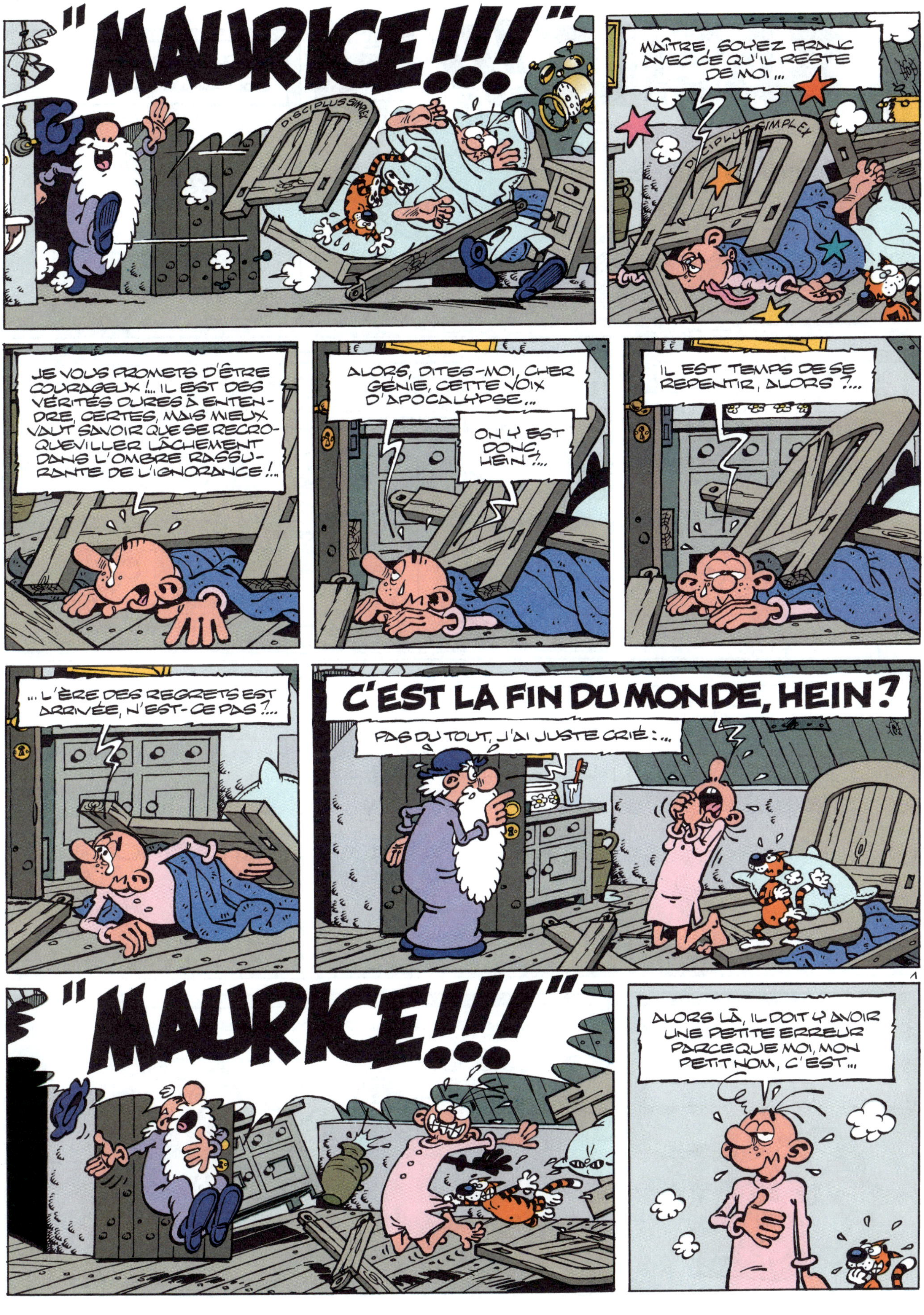

BASILE !!!
QUEL EST CE CALME MERVEILLEUX QUI SOUDAIN M'ENVAHIT ?
JE N'ENTENDS PLUS RIEN !
ON DIRAIT LE MONDE DU SILENCE !
MAIS EN PLUS CALME !
BON... ET MAINTENANT, DITES-MOI POURQUOI VOUS AVEZ, UNE FOIS DE PLUS, PULVÉRISÉ MES TYMPANS DÉJÀ PERCÉS AUPARAVANT PAR VOS SOINS ?...
MMH ?
ÇA VA PAS LA TÊTE ? PAVAROTTI À LA NOIX !!!
ET QUI EST CE MAURICE QUE VOUS N'ARRÊTEZ PAS D'APPELER ?
C'EST PAS UNE PERSONNE, C'EST UNE ÎLE !... ET C'EST POUR ÇA QUE JE VOUS AI ÉVEILLÉ PLUS TÔT !...
C'EST POURTANT VRAI QU'IL N'EST QUE MIDI MOINS LE QUART !...
J'AI RETROUVÉ, À LA PAGE 427 DE MON VIEUX GRIMOIRE, LA SITUATION GÉOGRAPHIQUE D'UNE ÎLE APPELÉE MAURICE !
Vieux Grimoire
JE ME FICHE PAS MAL DE VOTRE ÎLE ! MOI, CE QUE JE VOUDRAIS, C'EST CONTINUER À FAIRE DODO !...
JUSTEMENT, ÇA TOMBE BIEN !...
J'AI UNE DE CES FAIMS !...

... VOUS PENSIEZ AU DODO ?... EH BIEN...
FIGUREZ-VOUS QUE LE DODO EST UN OISEAU QUI NE VIT QUE SUR L'ÎLE MAURICE, LA DESTINATION VERS LAQUELLE NOUS PARTONS DANS DIX MINUTES !
JE... JE CROIS BIEN QUE JE PRÉFÉRAIS L'APOCALYPSE !...
TOUT BIEN RÉFLÉCHI !
BON BEN, QUAND FAUT Y ALLER...
JE VAIS ME LAVER LES DENTS ET...
ON N'A PAS LE TEMPS !... ET PUIS, DE TOUTE FAÇON, ELLES SONT FOUTUES, VOS RATOUNES !
?
ON A À PEINE LE TEMPS DE S'HABILLER, ICI, C'EST PAS HUMAIN...
... BREF...
ON ARRIVE BIENTÔT ?...
JE VEUX DESCENDRE !
J'AI SOIF !
E=MC2
J'AI FAIM !
JE DOIS FAIRE PIPI !...
... ET PUIS AUSSI...
PATIENCE, DISCIPLE, ON A DÉJÀ SURVOLÉ L'ÎLE JOSEPH, L'ÎLE FERNAND ET L'ÎLE ALFRED... L'ÎLE MAURICE N'EST PLUS LOIN !

ALORS ?... C'EST-Y PAS BEAU ?...
C'EST PAS TROP TÔT !...
PFFF !
PFFF !
... ET PUIS, VOUS AURIEZ PU INVENTER, AVEC CE CANOT, LE MOTEUR QUI VA AVEC !...
PFFF !
JE L'AURAIS FAIT TOUT DE SUITE SI JE NE VOUS AVAIS PAS EU POUR RAMER !
NE PERDONS PAS DE TEMPS !... IL NOUS FAUT DRESSER UN CAMP DE FORTUNE !
POURQUOI DE FORTUNE ?... ON N'A PAS UN SOU !...
PLUS TARD...
BON ! MAINTENANT QU'ON A MANGÉ... EN ROUTE !
JE... JE N'AURAIS PEUT-ÊTRE PAS DÛ REPRENDRE DE LA PURÉE DE NOIX DE COCO APRÈS LE CASSOULET DE REQUIN !...
GROUIIIK
D'APRÈS LE PLAN, IL FAUT PLUTÔT GRIMPER DANS LA MONTAGNE POUR Y RENCONTRER LES DODOS !...
Plan à Dodo
AYAAAAAAAH !
DES... DES INDIGÈNES !
VITE, SORTEZ LA VERROTERIE !!!

ON NE VEUT PAS DE VERROTERIE, ON VEUT DES SOUS POUR FAIRE UNE OFFRANDE AU DIEU MAKDO !
ON ACCEPTE LES CARTES DE CRÉDIT !
ET C'EST QUI, CE DIEU MAKDO ?
C'EST LE FILS DE LA DÉESSE FASTEFOUDE ET DU DIEU BIGMAK !
À QUESTION STUPIDE !...
LA DÉESSE FASTEFOUDE EST NOTRE MÈRE NOURRICIÈRE, ELLE VEILLE À CE QUE NOTRE PEUPLE AIT TOUJOURS DE LA NOURRITURE EN ABONDANCE !
... SON FILS, UN SOUFIFR, C'EST-À-DIRE UN DIEU DE DEUXIÈME CATÉGORIE, EST NOTRE INTERMÉDIAIRE !...
TIENS, VOUS ÊTES TOUJOURS LÀ, CHER LECTEUR ? VOUS AVEZ BIEN DU MÉRITE AVEC TOUT CE CHARABIA !
VENEZ AVEC MOI !
5
SI VOUS VOULEZ BIEN VOUS DONNER LA PEINE...
JUNGLE ÉPAISSE
DON DE LA CAISSE DES PAGNES
NOUS AVONS UNE BELLE ROUTE ASPHALTÉE QUI MÈNE AU LIEU DES OFFRANDES MAIS QUAND ON A DES TOURISTES, ON PASSE PAR LA JUNGLE, ÇA FAIT PLUS EXOTIQUE !...
AH ! NOUS ARRIVONS !...
MESSIEURS !...

... LE DIEU MAKDO !
BIGMIAM! BIGMIAM!
ON SE CROIRAIT PLUTÔT AUX ÎLES SANDWICH !
FAITES VOTRE OFFRANDE ET APRÈS, VOUS M'EXPLIQUEREZ CE QUE VOUS ÊTES VENUS FAIRE ICI !...
OFFRANDES
EH BIEN, J'AI UN VIEUX GRIMOIRE À LA MAISON ET FIGUREZ-VOUS QU'EN LE FEUILLETANT...
QUEL RADIN !
LES DODOS ?... MAIS JE PEUX VOUS EN FAIRE VOIR, MOI, JE SAIS OÙ ILS VIVENT !
SUIVEZ-MOI !
VOUS PRÉFÉREZ LA GRANDE EXCURSION AVEC TOUR DE L'ÎLE BY NIGHT À 1000 $ OU LA PETITE, AVEC LE DÎNER-SPECTACLE À 500 $ ?...
... DE PLUS, NOUS AVONS ICI DE BELLES USINES OÙ NOUS FABRIQUONS DES CHEMISES ET DES MAQUETTES DE BATEAUX QUI...
500 $ !!! MAIS OÙ VA LE MONDE ?...
TOUT N'EST QU'ARGENT !
À PROPOS...
... VOUS ME DEVEZ TOUJOURS HUIT ANS ET DEMI DE SALAIRE MAJORÉ DES INTÉRÊTS DE RETARD ET...
BAH !!!
FAUT PAS S'EN FAIRE, IL Y A AUSSI DES HAUTS !

À PART LES PRÉDATEURS DE TOUS POILS, ANIMAUX SAUVAGES DIVERS, SERPENTS VENIMEUX OU NON, MAIS TOUJOURS DANGEREUX, LES INSECTES VARIÉS ET AUTRES JOYEUSETÉS, CE DEVRAIT ÊTRE UNE EXCURSION SANS PROBLÈME...
RAAAH!
OUPS! PARDON!... JE SUIS UN INDÉCROTTABLE DISTRAIT!...
C'EST VRAI, ÇA! ON N'EST PAS DANS LA...
... J'AVAIS OUBLIÉ LES FLEURS CARNIVORES!
MIAM!
... D'AUTRE PART, C'EST VRAI QUE SI ON COURT, ON Y SERA PLUS VITE!... FAUT VOIR LE BON CÔTÉ!...
GROUILLEZ-VOUS, LÀ DEVANT!
PFF!
PFF!
PFF!
JE VOUS AVAIS BIEN DIT QU'ON FINIRAIT PAR LE SEMER!
ZZZ
G..
CHUT! FAUT PAS LA RÉVEILLER!
PASSONS PAR LA PLAGE, CE SERA MOINS DANGEREUX!
CLAC
... COMMENT ÇA, JE NE VOUS AVAIS PAS PARLÉ DES CRABES GÉANTS?!?
C'EST FOU CE QUE J'AI COMME TROUS DE MÉMOIRE CES TEMPS-CI!
MOI QUI DÉTESTE LES FRUITS DE MER!

BLÈCTRE
NOUS APPROCHONS DU BUT!
REGARDEZ-MOI ÇA, SI C'EST PAS MIGNON!
BLÈCTRE ??
BLÈCTRE BLÈCTRE
C'EST DONC ÇA UN DODO! TOUT DOUX, TOUT DODU!
BLÈCTRE!...
MOI, C'EST RAOUL... ET TOI?
BLÈCTRE
C'EST UN JOLI NOM, ÇA, BLÈCTRE!
PRENONS UN OEUF PENDANT QU'ILS NE REGARDENT PAS... ET DÉCAMPONS!
MAINTENANT QU'ON A CE QU'IL NOUS FAUT, SALUT LES ZOZIAUX!
SALUT, MAURICE!
VRRRRRRR
MOI, C'EST EDMOND!

BEAUCOUP PLUS TARD...
LAISSEZ-MOI M'OCCUPER DES OBSERVATIONS, MAÎTRE !... CE COUP-LÀ, JE LE SENS BIEN !
D'ACCORD, DISCIPLE, D'ACCORD !
ÇA VA ENCORE VIRER À LA CATA !!!
ON VA AVOIR DE L'OMELETTE DE DODO !
JE LE SAVAIS BIEN, QU'À LA LONGUE, J'EN FERAIS QUELQUE CHOSE DE CE GRAND MACHIN INUTILE !
CALEPIN... GOMME... CRAYON ET EN AVANT !
?
VOUS OUBLIEZ UNE TOUTE PETITE CHOSE, DISCIPLE, L'OEUF, LÀ, IL N'EST PAS ÉCLOS...
ET... QU'EST-CE QU'ON FAIT, DANS CES CAS-LÀ ?...
BZZ BZZ BZZ
NON !
BEN SI !...
...ET VITE !
TRÈS BIEN, DISCIPLE !... VOUS FAITES UNE MÈRE EXEMPLAIRE !...
JE SAIS QUE C'EST VOTRE PREMIER, MAIS NE VOUS INQUIÉTEZ PAS, TOUT VA BIEN SE PASSER !
COUVE COUVE
TAGADAP TAGADAP
9
ET UN BEAU JOUR...
CRRR
?
BLÈCTRE
ÇA Y EST !... FÉLICITATIONS, DISCIPLE, IL VOUS RESSEMBLE !...
BLÈCTRE !

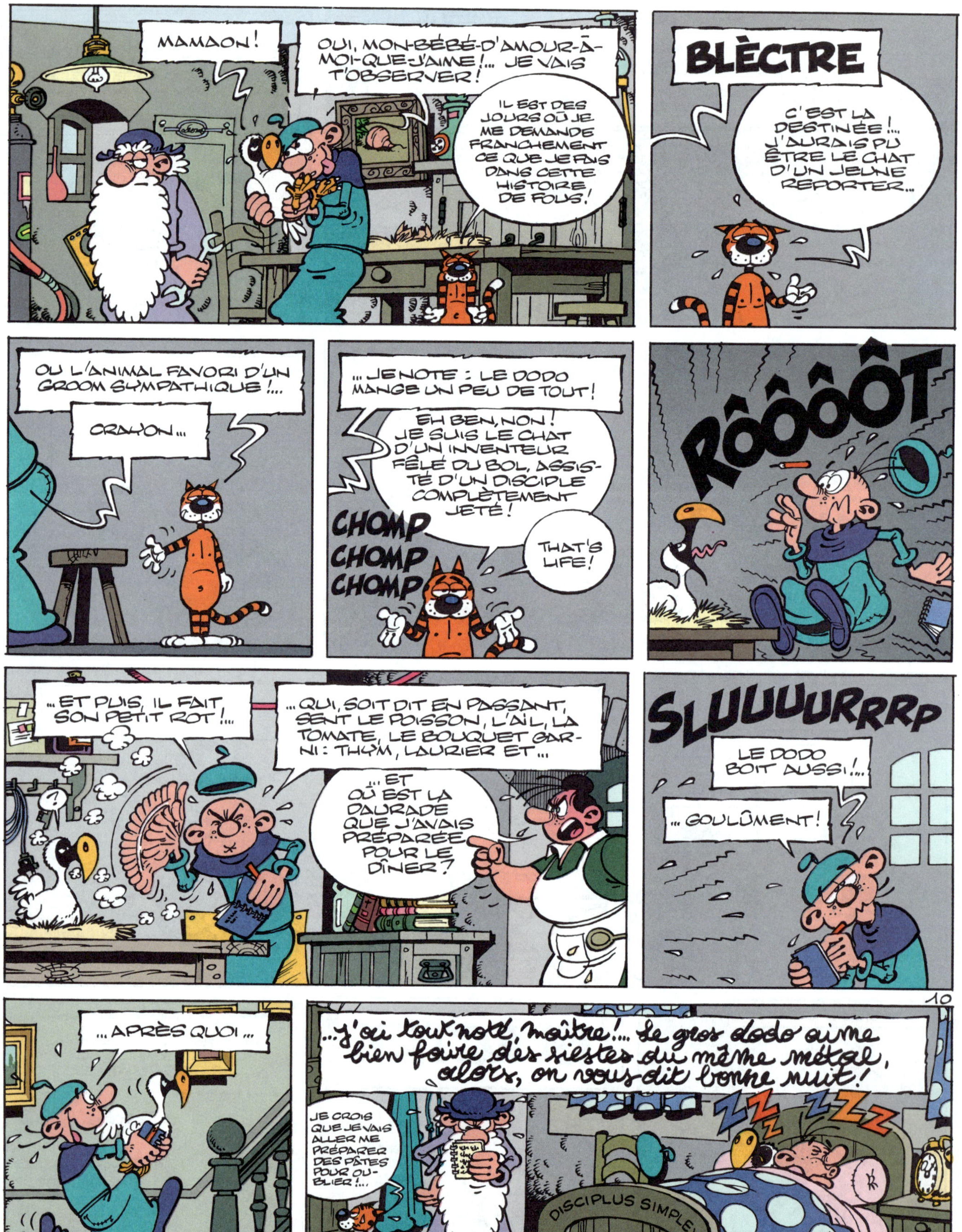
MAMAON !
OUI, MON-BÉBÉ-D'AMOUR-À-MOI-QUE-J'AIME !... JE VAIS T'OBSERVER !
IL EST DES JOURS OÙ JE ME DEMANDE FRANCHEMENT CE QUE JE FAIS DANS CETTE HISTOIRE DE FOUS !
BLÈCTRE
C'EST LA DESTINÉE !... J'AURAIS PU ÊTRE LE CHAT D'UN JEUNE REPORTER...
OU L'ANIMAL FAVORI D'UN GROOM SYMPATHIQUE !...
CRAYON...
... JE NOTE : LE DODO MANGE UN PEU DE TOUT !
EH BEN, NON ! JE SUIS LE CHAT D'UN INVENTEUR FÊLÉ DU BOL, ASSISTÉ D'UN DISCIPLE COMPLÈTEMENT JETÉ !
CHOMP CHOMP CHOMP
THAT'S LIFE !
RÔÔÔÔT
... ET PUIS, IL FAIT SON PETIT ROT !...
... QUI, SOIT DIT EN PASSANT, SENT LE POISSON, L'AIL, LA TOMATE, LE BOUQUET GARNI : THYM, LAURIER ET...
... ET OÙ EST LA DAURADE QUE J'AVAIS PRÉPARÉE POUR LE DÎNER ?
SLUUUURRRP
LE DODO BOIT AUSSI !...
... GOULÛMENT !
10
... APRÈS QUOI...
... j'ai tout noté, maître !... Le gros dodo aime bien faire des siestes du même métal, alors, on vous dit bonne nuit !
JE CROIS QUE JE VAIS ALLER ME PRÉPARER DES PÂTES POUR OUBLIER !...
ZZZ ZZZ
DISCIPLUS SIMPLEX

## appuyez sur la sornette !

# salut, mon p'tit loup !

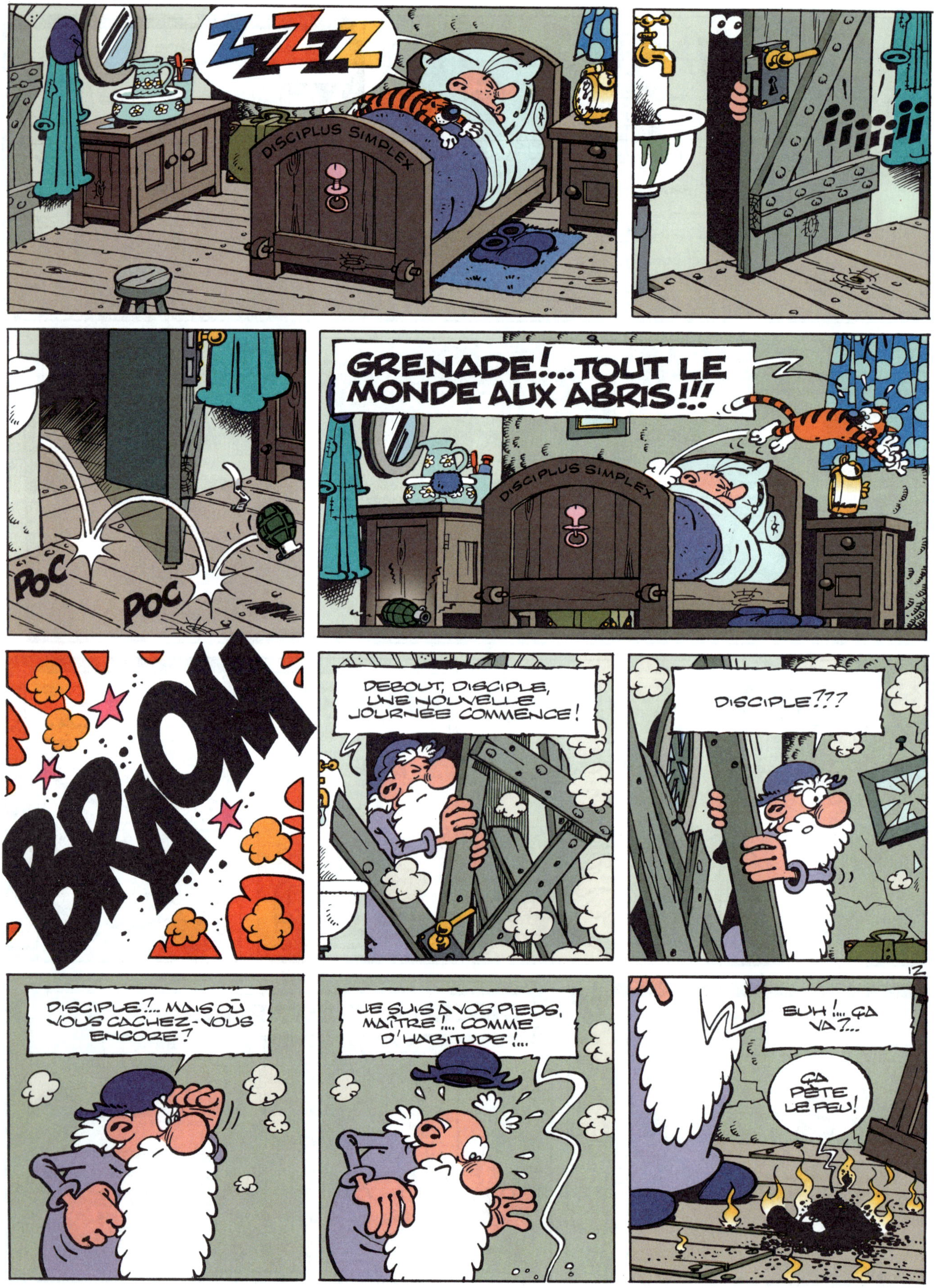

ÇA TOMBE BIEN PARCE QUE JE VOULAIS VOUS FAIRE PROFITER DE MA NOUVELLE TROUVAILLE... ALLONS AU LABO...
SI VOUS VOULEZ !
WIIIIIIZ
TU ES POUSSIÈRE ET TU...
SSSUCE
ET C'EST QUOI, VOTRE TROUVAILLE, LÀ ?...
JE VIENS D'INVENTER QUELQUE CHOSE QUI VA FAIRE DATE DANS L'HISTOIRE DE LA CONVIVIALITÉ : L'APÉRO...
LA QUOI ?
ON PEUT AUSSI DIRE APÉRITIF, MAIS ÇA FAIT MOINS BRANCHÉ !
IL S'AGIT D'UN VERRE QU'ON PRENDRA, DE PRÉFÉRENCE ENTRE AMIS, HISTOIRE DE PARTAGER ENSEMBLE UN BON MOMENT ET DE S'OUVRIR L'APPÉTIT POUR LE REPAS QUI OBLIGATOIREMENT DEVRA SUIVRE...
PAS MAL COMME INVENTION !
TENEZ !... VOICI LE VÔTRE, D'APÉRO, ET VOICI LE MIEN !...
J'LA SENS PAS BIEN, MOI, CETTE HISTOIRE D'APÉRO !
RASSURE-TOI, N'IMPORTE COMMENT, CETTE HISTOIRE VA MAL FINIR !
LES APÉROS, ILS N'ONT PAS LA MÊME COULEUR, MAÎTRE, C'EST NORMAL ?...
BIEN SÛR QUE NON !...
EUH... BEN... BON... BREF. J'AI TROUVÉ QUE CE SERAIT BEAUCOUP PLUS AMUSANT SI NOUS AVIONS DEUX COULEURS DIFFÉRENTES !... ALLEZ, ON TRINQUE !
ON QUOI ?...
ON TRINQUE : ON HEURTE NOS VERRES L'UN CONTRE L'AUTRE EN SE REGARDANT DANS LES YEUX !... ÇA AUSSI, JE VIENS DE L'INVENTER DANS LA FOULÉE !...
DE TOUTE FAÇON, LE DISCIPLE TRINQUE TOUJOURS !
13

CUL SEC !
PLAÎT-IL ?...
ÇA Y EST !... LES GROS MOTS À PRÉSENT !
CUL SEC !... ÇA AUSSI, JE VIENS DE L'INVENTER, C'EST POUR DIRE QU'ON VA BOIRE SON VERRE D'UN TRAIT !
BING
CUL SEC ALORS !
GLOU !
GLOU !
NOUS AUSSI, ON POURRAIT DIRE DES GROS MOTS, SI ON VOULAIT !...
POUAH !
PROUT !
OH !
QU'EST-CE QUE C'EST QUE CETTE SALETÉ QUE VOUS M'AVEZ FAIT INGURGITER ?...
EUH... ZIGOUNETTE !
OOOH !
L'APÉRO, MON OEIL !... C'EST ENCORE UN DE CES SATANÉS PRODUITS QUE VOUS INVENTEZ À LONGUEUR DE JOURNÉE ET QUI N'ONT POUR BUT RÉEL QUE DE M'ENVOYER À L'HÔPITAL, À LA SECTION URGENCES DÉSESPÉRÉES !
J'AURAIS DÛ AJOUTER UN PEU DE SUCRE !
AVEC GEORGE CLOONEY ?
... MAIS C'EST VOTRE FAUTE AUSSI, DISCIPLE !... JE SUIS CERTAIN QUE SI JE VOUS AVAIS EXPLIQUÉ LES EFFETS SECONDAIRES DU PRODUIT, JAMAIS VOUS N'AURIEZ ACCEPTÉ D'EN AVALER UNE GOUTTE !
14
SI VOUS DITES ÇA POUR ME RASSURER, EH BIEN, C'EST LOUPÉ !
ET QU'EST CENSÉ ME FAIRE COMME EFFET CE PRODUIT QUE VOUS M'AVEZ FAIT AVALER PAR UN SUBTERFUGE MALHONNÊTE ?
JUSTEMENT, J'ESPÉRAIS QUE VOUS NE ME POSERIEZ JAMAIS CETTE QUESTION !...
HEIN ?
LE DRAME SE NOUE !

C'EST QUOI, CE TRUC, À LA FIN ?
ÇA Y EST ! JE LE SAVAIS QU'IL NE SERAIT PAS CONTENT !
C'EST UN CARACTÉRIEL !
S'IL S'EMPORTE, IL NE VA PAS TARDER À QUITTER LA PIÈCE !
EH BIEN... HUM... C'EST UN PRODUIT QUI... QUE... COMMENT DIRE ? EUH...
VOUS VOYEZ...
VOILÀ, VOILÀ, VOILÀ !...
... BON !... VOUS AIMEZ LE CLAIR DE LUNE ?...
OUI... BOF... COMME TOUT LE MONDE... !??
PAS PLUS NI MOINS QUE DEBUSSY !
C'EST TRÈS BEAU, LA LUNE !... SURTOUT QUAND ELLE EST PLEINE, COMME CE SOIR !
ET MOI, JE ME SENS COMME LA LUNE !...
PRÊTE-MOI TA PLUME POUR ÉCRIRE UN MOT... # #
C'EST PAS BEAU, LA LUNE ?...
OUI, BON, D'ACCORD... ET QUOI, CE PRODUIT ?
OUI, ON VEUT SAVOIR !
J'Y VIENS !... CONNAISSEZ-VOUS CES HISTOIRES AU SUJET DES INFLUENCES QU'EXERCE LA LUNE SUR LES GENS ?...
MOI, EN TOUT CAS, QUAND C'EST LA PLEINE LUNE, JE NE DORS PAS MES DIX-HUIT HEURES !
BILLEVESÉES, SORNETTES, FADAISES ET J'EN PASSE DES MEILLEURES !...
15
JUSTEMENT, CE PRODUIT EST UN RÉVÉLATEUR QUI PERMET DE VÉRIFIER SI CES LÉGENDES SONT DE LA FICTION OU DE LA RÉALITÉ !... RESSENTEZ-VOUS QUELQUE CHOSE ?...
RIEN DU TOUT !...
QUOIQUE...
WAOOOOUUUUUUH !
C'EST BIEN CE QUE JE PENSAIS, ÇA MARCHE !
L'HOMME SERA TOUJOURS UN LOUP POUR L'HOMME !

## sombre avenir

ACTE II
LE LENDEMAIN...
DISCIPLUS SIMPLEX
... ÇA NE DEVRAIT PLUS TARDER...
Z
3... 2... 1... MAINTENANT !
JE CRAINS LE PIRE !
WHAM
VOUS VOYEZ, DISCIPLUS INCREDULUS, JE VOUS L'AVAIS POURTANT LU HIER SOIR : TRAVAIL : VOUS AUREZ QUELQUES DIFFICULTÉS AVEC VOTRE EMPLOYEUR MALGRÉ QUE VOUS AYEZ PÉTÉ LE FEU DÈS VOTRE LEVER !
FIT-IL !...
MAINTENANT : PASSONS AUX DIFFICULTÉS AVEC VOTRE EMPLOYEUR...
AJOUTA-T-IL !...
VOUS AVEZ VU L'HEURE, ESPÈCE D'ABRUTI !
ÉRUCTA-T-IL !...
PAF
ET MAINTENANT : AU BOULOT !
D'ACCORD, D'ACCORD, J'ARRÊTE !
CONVINT-IL !...
... ET FAITES TOUT DE MÊME ATTENTION AUX PETITS BOBOS !
PFFF !

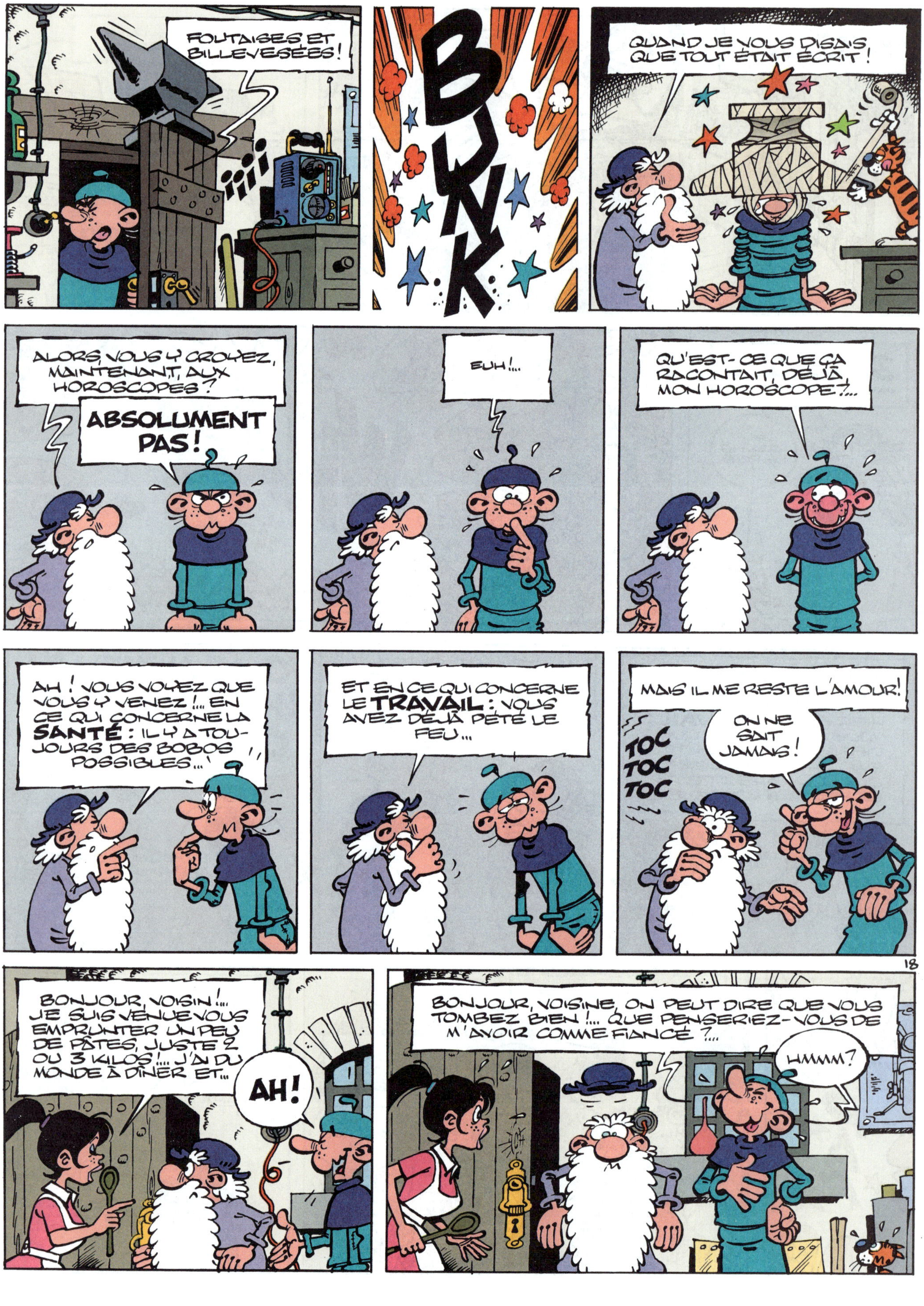
FOUTAISES ET BILLEVESÉES !
BJUNK
QUAND JE VOUS DISAIS QUE TOUT ÉTAIT ÉCRIT !
ALORS, VOUS Y CROYEZ, MAINTENANT, AUX HOROSCOPES ?
ABSOLUMENT PAS !
EUH !...
QU'EST-CE QUE ÇA RACONTAIT, DÉJÀ, MON HOROSCOPE ?...
AH ! VOUS VOYEZ QUE VOUS Y VENEZ !... EN CE QUI CONCERNE LA SANTÉ : IL Y A TOUJOURS DES BOBOS POSSIBLES...
ET EN CE QUI CONCERNE LE TRAVAIL : VOUS AVEZ DÉJÀ PÉTÉ LE FEU...
MAIS IL ME RESTE L'AMOUR !
ON NE SAIT JAMAIS !
TOC TOC TOC
18
BONJOUR, VOISIN !... JE SUIS VENUE VOUS EMPRUNTER UN PEU DE PÂTES, JUSTE 2 OU 3 KILOS !... J'AI DU MONDE À DÎNER ET...
AH !
BONJOUR, VOISINE, ON PEUT DIRE QUE VOUS TOMBEZ BIEN !... QUE PENSERIEZ-VOUS DE M'AVOIR COMME FIANCÉ ?...
HMMM ?

ET MERCI POUR LES PÂTES !
FAUT PAS JOUER AVEC SA CHANCE !
SNIF !
LÀ, POUR UNE BELLE GIROFLÉE À 5 FEUILLES, C'EST UNE BELLE GIROFLÉE À 5 FEUILLES !!!
ALORS ?... ON S'Y MET, AU BOULOT, OUI OU ZUT ?
EUH... OUI ! OUI !
ALLEZ ME CHERCHER LA SCIE SAUTEUSE...
ET FAITES ATTENTION ! N'OUBLIEZ PAS CE QUE DIT VOTRE HOROSCOPE AU SUJET DES PETITS BOBOS PARCE QU...
DZIIIIIIII
RAAH !
BOBO !
C'EST QUOI, CES PETITS MACHINS QUI GROUILLENT PAR TERRE ?
DISCIPLE, LAISSEZ-MOI DEVINER : VOTRE HOROSCOPE AVAIT UNE FOIS DE PLUS RAISON... N'EST-CE PAS ?...
AH ! CE SONT DES DOIGTS !
HÉ ! QU'EST-CE QU'IL DISAIT ENCORE, MON HOROSCOPE, AU SUJET DES BOBOS ?
J'AI RECOUSU SES DOIGTS AVEC DU FIL VERT FLUO, C'EST TOUT CE QUE J'AI TROUVÉ...
VOILÀ CE QU'IL SE PASSE QUAND ON N'OBÉIT PAS AU DOIGT ET À L'ŒIL !
JE RÉPÈTE : "SANTÉ : ATTENTION AUX PETITS BOBOS, C'EST UNE DE CES JOURNÉES OÙ IL VAUDRAIT MIEUX RESTER AU LIT..."
IL ME SEMBLAIT BIEN !...
UN DOIGT DE PORTO ?
PAS VRAIMENT AU POINT, MA DERNIÈRE INVENTION, LÀ !
SCRATCH
DISCIPLUS SIMPLEX
CQFD !...
RONFL !

## alphabêtisier

# va donc, hé, meraude !

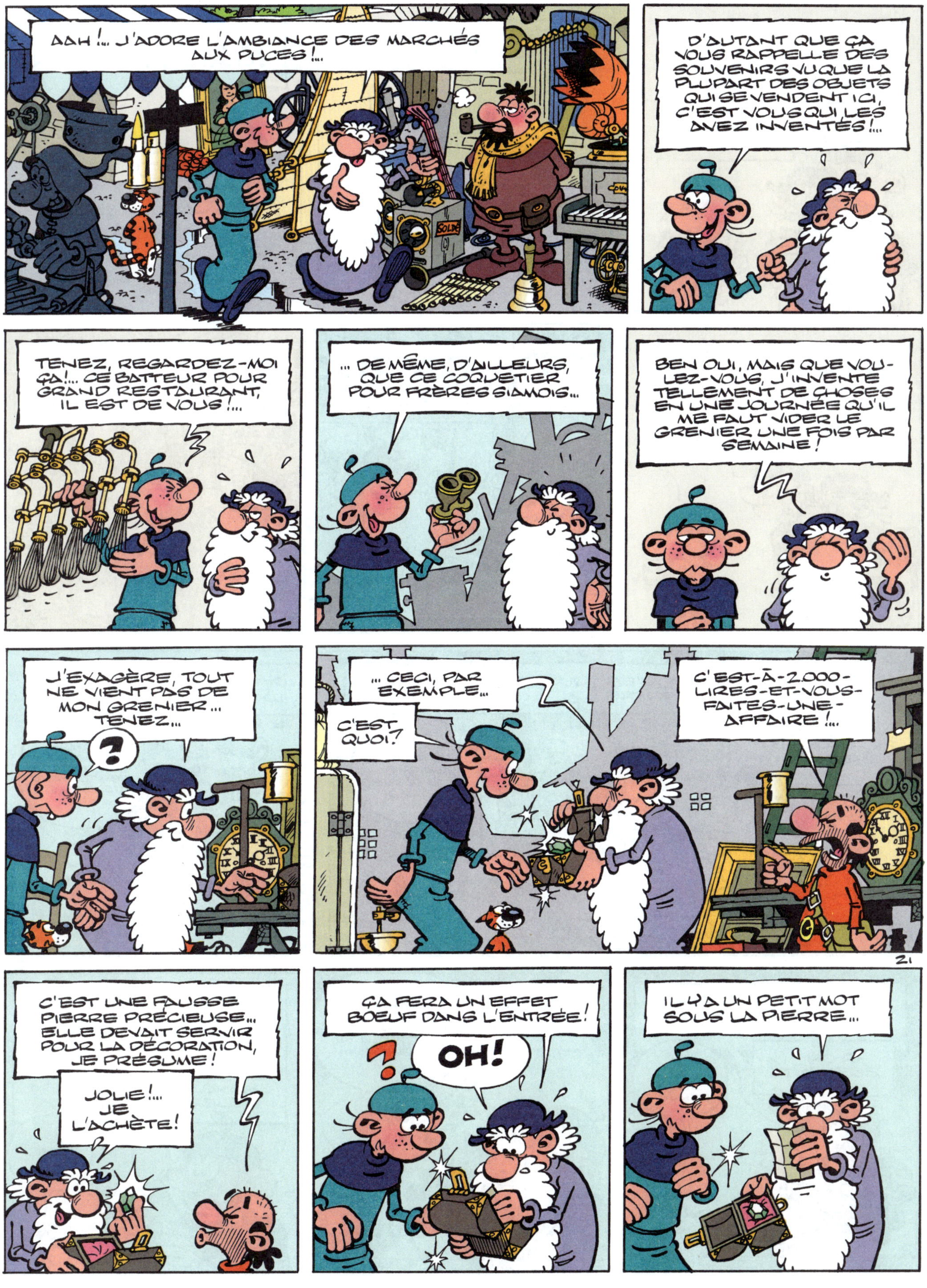

CECI EST UNE PIERRE MAGIQUE QUI A DES POUVOIRS SURNATURELS!
ALORS, C'EST 4.000 LIRES!
HÉLÀ! VOUS AVIEZ DIT 2.000 LIRES!...
6.000 LIRES!
MAIS?!!?
8.000!
COMMENT ?...
12.000!
BREF...
ESCROC!
TENEZ, LES VOILÀ VOS 500.000 LIRES!
DIX ANS DU SALAIRE QU'ON NE M'A JAMAIS PAYÉ!... VOUS N'AVEZ PAS HONTE!
ALORS, FINALEMENT, C'EST QUOI, CES POUVOIRS, MAÎTRE?...
J'EN SAIS FICHTREMENT RIEN!
CETTE PIERRE EST ÉNORME!... NOUS SOMMES RICHES!
DITES!... REGARDEZ, LÀ, SUR L'ÉCRIN...
ON VA POUVOIR S'ACHETER DES TONNES DE PÂTES!!!
22
L'ENJOLIVURE RESSEMBLE FURIEUSEMENT À UN BOUTON D'OUVERTURE!...
SI ON ESSAYAIT?...
DES LINGUINI... DES PENNE...
ENCORE UN PAPIER!
DES MACARONI, DES SPAGHETTI, DES CANNELLONI, DES TORTELLINI, DES PAVAROTTI...
PTOïNG
MIAM!...
...QUE CELUI QUI TROUVERA CE MESSAGE SACHE QUE CETTE PIERRE COMMANDE LE FEU, L'EAU, L'AIR ET LA TERRE, IL SUFFIT DE TENIR LA PIERRE EN PRONONÇANT LE NOM DE L'ÉLÉMENT CHOISI!...
ET C'EST TOUT?

MAIS C'EST ABSOLUMENT FANTASTIQUE !... ENFIN QUELQUE CHOSE DE BIEN DANS CETTE DEMEURE !...
DITES, JE VOUS EN PRIE, HEIN !... ET MOI, ALORS ?
... ON NE SERA JAMAIS RICHES ! ADIEU SPAGHETTI RAMAZZOTTI ET CETERI ...
D'AILLEURS, PUISQUE VOUS ÊTES SI MALIN, ON VA VOIR !... NOUS ALLONS LA TESTER, CETTE PIERRE !
JE CROIS QUE JE VAIS ME FAIRE DES PÂTES POUR OUBLIER !
MAIS ALLEZ-Y, MAÎTRE !... NE VOUS GÊNEZ SURTOUT PAS POUR MOI ...
?
MOI QUI CROYAIS MANGER DES PÂTES RICHES !...
... FAITES COMME SI JE N'ÉTAIS PAS LÀ !... D'AILLEURS, C'EST COMME SI J'ÉTAIS DÉJÀ PARTI ...
BON !... JE VAIS M'EN PRÉPARER DES PAUVRES ALORS ...
BLAM
VE TEFTE DONC, MAÎTRE, VE TEFTE ...
FEU !
NON, DISCIPLE, PAS À L'INTÉ...
BOUF
FAITES QUELQUE CHOSE, DISCIPLE !
MAIS, VE FAIS QUELQUE FOVE !...
VE... VE CRAME !...
AVEC LA PIERRE, IMBÉCILE !!!
AH BON !?

VENT !...
NON !
VLAOUF
CES DEUX FÊLÉS DU BOCAL VONT FINIR PAR TOUT FAIRE PÉTER !...
INCOMMENSURA-BLE CRÉTIN !
DONNEZ-MOI CET-TE ÉMERAUDE IMBÉCILE !
L'ÉMERAUDE IMBÉCILE, MAÎTRE ?...
EUH...
"EAU" ?!...
FLOUCH !
PFLIOUUU ! ÇA VLA MLIEUX !
ÇA VA MLIEUX !... C'EST VLITE DIT !
ET CLOMMENT CLOMPTEZ-VLOUS VLOUS Y PRENDLE POUL FAIRE PLARTIR TLOUTE CETTE EAU ?...
... LA TRANSVASER ?... LA METTRE EN BOUTEILLES ?... LA BOIRE ?...
NON, J'AI MIEUX !...
"TERRE !"
NON !

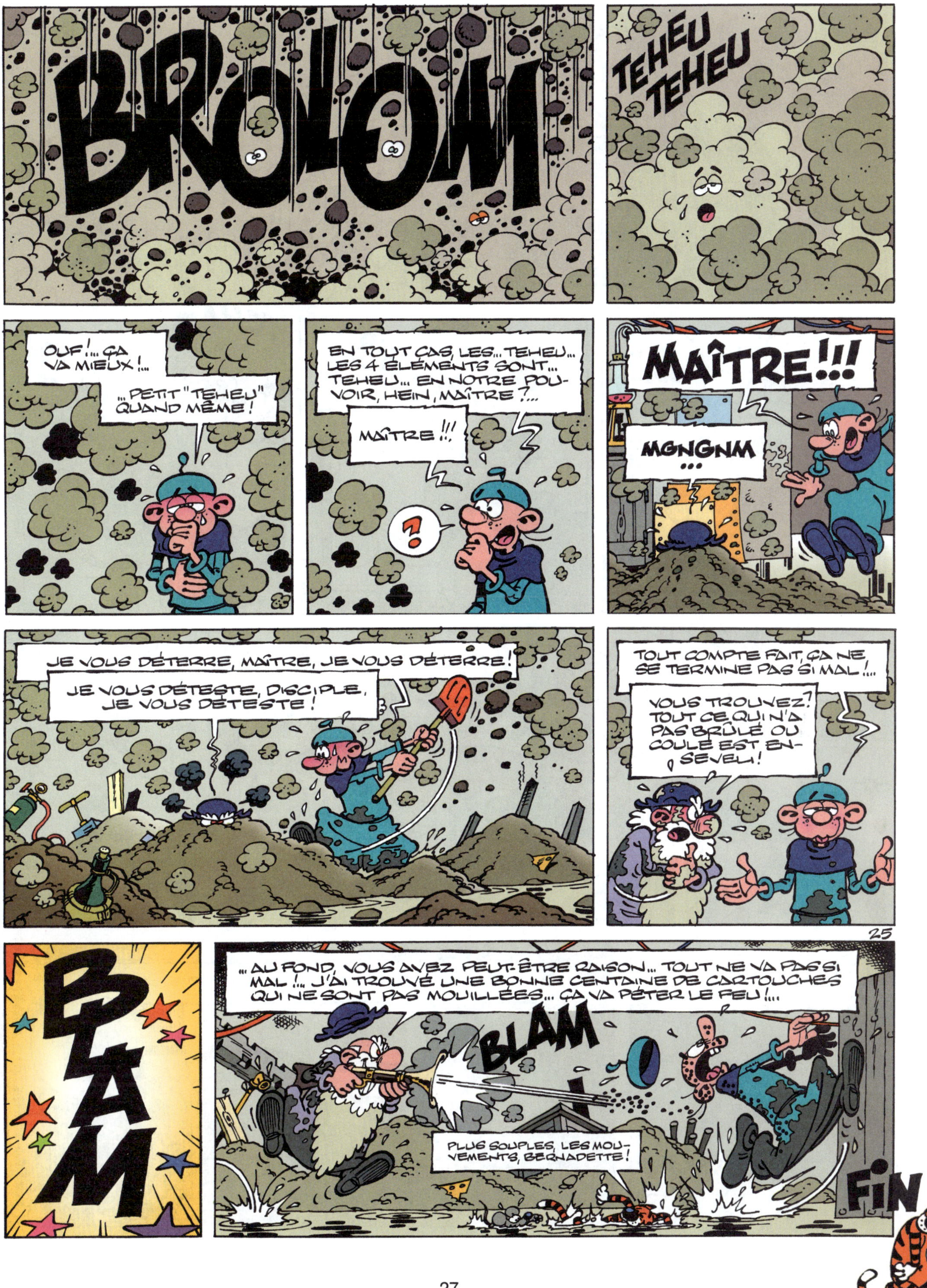
BROLOM
TEHEU TEHEU
OUF !... ÇA VA MIEUX !...
... PETIT "TEHEU" QUAND MÊME !
EN TOUT CAS, LES... TEHEU... LES 4 ÉLÉMENTS SONT... TEHEU... EN NOTRE POUVOIR, HEIN, MAÎTRE ?...
MAÎTRE !!!
?
MAÎTRE !!!
MGNGNM ...
JE VOUS DÉTERRE, MAÎTRE, JE VOUS DÉTERRE !
JE VOUS DÉTESTE, DISCIPLE, JE VOUS DÉTESTE !
TOUT COMPTE FAIT, ÇA NE SE TERMINE PAS SI MAL !...
VOUS TROUVEZ ? TOUT CE QUI N'A PAS BRÛLÉ OU COULÉ EST ENSEVELI !
25
BLAM
... AU FOND, VOUS AVEZ PEUT-ÊTRE RAISON... TOUT NE VA PAS SI MAL !... J'AI TROUVÉ UNE BONNE CENTAINE DE CARTOUCHES QUI NE SONT PAS MOUILLÉES... ÇA VA PÉTER LE FEU !...
BLAM
PLUS SOUPLES, LES MOUVEMENTS, BERNADETTE !
FIN

# renne d'un jour

# vague à lames

## t'es xtile ?

WIIIIIIIIIIIZ
QUEL BEAU LANCER !
AOUILLE !
ÇA MORD !
CRIIII CRIIII
BELLE PRISE, COMME DISAIT L'ÉLECTRICIEN !
ALORS, DISCIPLE, COMMENT TROUVEZ-VOUS MA CANNE À PÊCHE TÉLÉCOMMANDÉE À PINCE À LINGE ?...
ÇA SE MANGE, ÇA, DU DISCIPLE ?
HON HOURRAIT HARLER H'UN AUTRE HUJET ? HEIN ?...
H'IL HOUS HLAÎT ?
HUE ME HAUT LE HLAISIR ?
FIGUREZ-VOUS QUE JE VIENS DE METTRE AU POINT LA FIBRE TEXTILE DE DEMAIN !
... VOUS ALLEZ DONC AVOIR L'HONNEUR DE TESTER LE PREMIER VÊTEMENT À FIBRE INTELLIGENTE !
CÈQWAÇA ?
EXACTEMENT LE CONTRAIRE D'UN DISCIPLE !...
28
C'EST UN VÊTEMENT DONT LA FIBRE CONTIENT UNE PUCE ÉLECTRONIQUE MULTIFONCTIONS !...
HOULÀ, ÇA DOIT DÉMANGER HORRIBLEMENT, ÇA, UNE PUCE ?...
JE NE VOIS TOUJOURS PAS !
VOUS NE VOYEZ JAMAIS RIEN, DE TOUTE FAÇON !

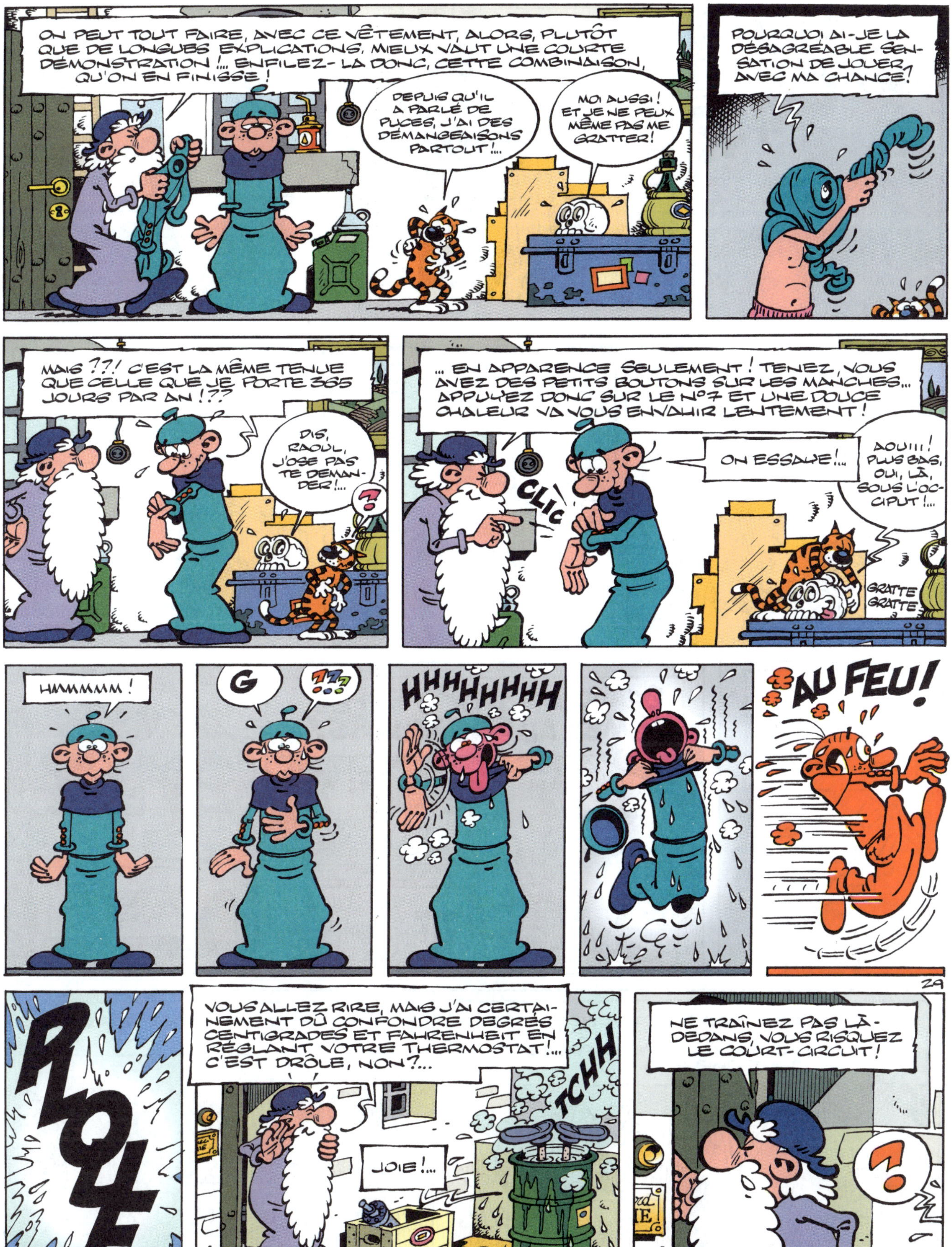
ON PEUT TOUT FAIRE, AVEC CE VÊTEMENT, ALORS, PLUTÔT QUE DE LONGUES EXPLICATIONS, MIEUX VAUT UNE COURTE DÉMONSTRATION !... ENFILEZ-LA DONC, CETTE COMBINAISON, QU'ON EN FINISSE !
DEPUIS QU'IL A PARLÉ DE PUCES, J'AI DES DÉMANGEAISONS PARTOUT !...
MOI AUSSI ! ET JE NE PEUX MÊME PAS ME GRATTER !
POURQUOI AI-JE LA DÉSAGRÉABLE SENSATION DE JOUER AVEC MA CHANCE !
MAIS ?!?! C'EST LA MÊME TENUE QUE CELLE QUE JE PORTE 365 JOURS PAR AN !?!
DIS, RAOUL, J'OSE PAS TE DEMANDER !...
... EN APPARENCE SEULEMENT ! TENEZ, VOUS AVEZ DES PETITS BOUTONS SUR LES MANCHES... APPUYEZ DONC SUR LE N°7 ET UNE DOUCE CHALEUR VA VOUS ENVAHIR LENTEMENT !
CLIC
ON ESSAYE !...
AOUIII ! PLUS BAS, OUI, LÀ, SOUS L'OCCIPUT !...
GRATTE GRATTE
HMMMMM !
G
HHHHHHHHH
AU FEU !
29
PLOUF
VOUS ALLEZ RIRE, MAIS J'AI CERTAINEMENT DÛ CONFONDRE DEGRÉS CENTIGRADES ET FAHRENHEIT EN RÉGLANT VOTRE THERMOSTAT !... C'EST DRÔLE, NON ?...
TCHH
JOIE !...
NE TRAÎNEZ PAS LÀ-DEDANS, VOUS RISQUEZ LE COURT-CIRCUIT !

CRRR
V'AI DÉVÀ ÉTÉ PLUF EN FORME !
POUSSEZ DONC SUR LE BOUTON N° 5 !...
ET QUE VA-T-IL ENCORE M'ARRIVER ?... BRÛLÉ ?.. NOYÉ, OU SAUVAGEMENT DYNAMITÉ ?...
OU HACHÉ MENU !
VOUS ALORS !... FAUT TOUJOURS QUE VOUS EXAGÉRIEZ !...
MES BRÛLURES AU VINGT-SIXIÈME DEGRÉ VOUS DI-SENT ZUT !
... DE PLUS, VOUS N'AVEZ PAS RÉPONDU À MA QUESTION : QUE VA-T-IL M'ARRIVER SI JE POUSSE SUR CE FAMEUX BOUTON N° 5 ?...
UNE CATA, TIENS, C'TE QUESTION !!!
UNE SIMPLE DIFFUSION DE VITAMINE C, QUI EST UNE VITAMINE ANTI-FATIGUE... UN PETIT COUP DE FOUET QUI VA VOUS REMETTRE EN SELLE !
AH !... ENFIN DU BON !
CLIC
QUE TU CROIS, FRANÇOIS !!!
JE ME SENS BEAUCOUP MIEUX... ÇA COMMENCE À FAIRE DE L'EFFET !
BEAUCOUP TROP D'EFFET, MÊME ! AU SECOUUUURS !
JE SUIS TROP EN PLEINE FORME !
30
CE N'EST RIEN, VOUS AVEZ POUSSÉ TROP LONGTEMPS SUR LE BOUTON N°5 !... IL FAUT DÉSACTIVER L'EFFET, À PRÉSENT !... TOUT SIMPLEMENT !...
BOM
BING
BUNK
BON ! JE POUSSE DONC SUR LE BOUTON N° 4 POUR DÉSACTIV...
NON !
BONG

VLAOUM
NE JAMAIS TOUCHER AU BOUTON N°4 !... C'EST L'ANTIVOL !... C'EST LE BOUTON QUI COMMANDE L'AUTODESTRUCTION DE CELUI QUI PORTE LA COMBINAISON !
F'EST BIEN FE QUE V'AVAIS CRU REMARQUER !
CE LABO EST NOIR DE MONDE !
JE ME SENS UN PEU BIZARRE, POUR TOUT DIRE... RAPLAPLA...
NORMAL, QUAND ON VIENT DE SE FAIRE 10 KILOS DE DYNAMITE À BOUT PORTANT !
OUF ! ÇA ME RASSURE !...
ÇA EÛT PU ÊTRE PIRE !
MAIS, EN CE QUI CONCERNE VOTRE ÉTAT, LE BOUTON N° 3 DEVRAIT VOUS EMMENER AU PARADIS, VOUS ALLEZ ÊTRE TOUT REGONFLÉ !...
ÇA EÛT PU M'ARRIVER À MOI !
BOUTON N°3 ALORS !...
JE NE SAIS PAS SI VOUS L'AVEZ REMARQUÉ, MAIS JE N'EN MÈNE PAS LARGE !...
PUISSANCE MAXIMUM, DONC !...
NON ! NE...
CLIC CLIC CLIC CLIC
J'EN AI... HIIIIIII... VRAIMENT MARRE DE VOS HIIIIIIIII... TROUVAILLES À LA HIIIIIIIIIII... À LA NOIX !...
DISCIPLE, REDESCENDEZ TOUT DE SUITE, VOUS GASPILLEZ TOUT MON HÉLIUM !
PCHHHHH
FIN

HOURRAH!
MON GÉNIE A ENCORE FRAPPÉ !...
...DUR!
EN DONNANT DE LA VOIX, SANS DOUTE ?...
C'EST UN FAIT, IL A LE GÉNIE BRUYANT!
OUAIS! ET MOI, AVEC MES GRANDES OREILLES, JE DÉGUSTE!!!
VOUS NE CROYEZ PAS SI BIEN DIRE, DISCIPLE, JE VIENS D'INVENTER LE PRINCIPE DE LA RECONNAISSANCE VOCALE... NOUS ALLONS FABRIQUER L'APPAREIL QUI SERA CAPABLE DE RECONNAÎTRE NOS VOIX QUI AURONT ÉTÉ PRÉALABLEMENT ENREGISTRÉES!
C'EST PAS UNE RAISON POUR HURLER À TUE-TÊTE!
C'EST LE MOT QUE JE CHERCHAIS!
SILENCE!
IL EST TRÈS FORT, TOUT DE MÊME, IL PARVIENT À HURLER LE SEUL MOT QU'ON MURMURE!
MES PAUVRES TYMPANS!
32
JE DISAIS DONC QUE NOUS ALLONS CONSTRUIRE UN SUPERBE APPAREIL QUI...
JE VEUX BIEN... MAIS À QUOI ÇA SERT, LA RECONNAISSANCE VOCALE?
EH BIEN, NOUS COMMENCERONS PAR L'ADAPTER À LA PORTE D'ENTRÉE... ELLE NE S'OUVRIRA QU'EN RECONNAISSANT UNE DE NOS VOIX!
UN CODE VOCAL EN QUELQUE SORTE!
LÀ, JE DUBITE À PLEIN POT!

LA MERVEILLEUSE IDÉE QUE J'AI EUE POURRA S'ADAPTER À N'IMPORTE QUOI QUI NÉCESSITE UN CODE D'ACCÈS : BÂTIMENT, VOITURE, TÉLÉPHONE, ORDINATEUR, ETC...
LES ENNUIS VONT COMMENCER !...
NOUS INTÉGRERONS D'AILLEURS TOUS CES APPAREILS À TOUT CE QUI CONCERNE LA SÉCURITÉ DES GENS ET DES DOCUMENTS OU DES DEVISES ET VALEURS !...
ALLONS-Y, METTONS-NOUS AU BOULOT...
CLING CLONG
... DÉCOUPAGE DES TÔLES SUIVANT LES PLANS...
DÉCOUPE DÉCOUPE
... ÉBARBAGE DES TÔLES SUIVANT LES PLANS ...
MEULE MEULE MEULE
... PLIAGE DES TÔLES SUIVANT LES PLANS...
BONG BOLONG
... SOUDURE DES COMPOSANTS ÉLECTRONIQUES...
SUIVANT LES PLANS ?
OUI !
VOILÀ, MAÎTRE, C'EST TERMINÉ !
UN INSTANT !
METTEZ VOTRE INDEX LÀ, SUR LA TABLE !...
COMME ÇA, LÀ ?...
PAF
JE DÉTESTE QUE VOUS BRICOLIEZ SANS VOUS BLESSER !... C'EST PAS NORMAL ! C'EST COMME SI VOUS BÂCLIEZ !
BOBO !
QU'EST-CE QU'IL AVAIT DIT, RAOUL, À L'IMAGE 1 ?

NOUS ALLONS TOUT D'ABORD PROCÉDER À L'ENREGISTREMENT DE NOS VOIX !... À MON SIGNAL, CHACUN À NOTRE TOUR, VOUS DIRONS NOTRE PRÉNOM... PRÊTS ?...
OK !
ÇA VA MAL FINIR, JE LE SENS !
ÇA TOURNE !... 3... 2... 1... ALLEZ-Y !
HEM ! HEM !
TOUT ÇA, AU LIEU D'INVENTER LA CHATIÈRE ÉLECTRONIQUE !
MATHURINE !
BASILE !
LÉONARD !
...ET VOILÀ, PLUS QU'À INTÉGRER DANS L'APPAREIL CETTE PUCE QUI VA COMMANDER L'OUVRE-PORTE !...
...PUIS INSTALLER L'ENSEMBLE À LA PORTE D'ENTRÉE...
VISSE VISSE VISSE
ON REFERME LA PORTE ET ON FAIT UN PETIT ESSAI !... JE COMMENCE...
CLAC
JE SUBODORE UN DRAME PUANT !
LÉONARD !
RE-CONNAIS-SANCE VOCA-LE ACCEP-TÉE !
DZZZ CLIC
ET VOILÀ LE TRAVAIL !... À VOUS, MATHURINE !
MATHURINE !

DZZZ
RE-CONNAIS-SANCE-VOCALE ACCEPTÉE !...
BASILE !
DZZZ
RE-CONNAIS-SANCE-VOCALE ACCEPTÉE !...
ALLEZ, HOP, ON REFAIT UN ESSAI JUSTE POUR VOIR ?
OH OUI ! OH OUI !
LÉONARD !
DZZZ
RE-CONNAIS-SANCE-VOCALE ACCEPTÉE !...
BASILE !
MATHURINE !
DZZZ
JE SUIS FORMIDABLE !
CLIC
ALLEZ, ZOU ! ON S'EN REMET UN PETIT, POUR LA ROUTE ?
SUPER, ON NE S'EN LASSE PAS !
BREF... AU 53ème ESSAI...
ATCHAH !
LÉODARD !...
SNIF !
RIEN !
35
ZUT !
À GAUSE DE CE RHUBE, IL DE REGODAIT BLUS BA VOIX !
ZNIV !
BAZIDE !...
TCHAH !
BATHURIDE !...
TCHOUM !
ET GU'EST-ZE GU'ON VAIT, BAINDEDANT, AVEG VODRE BAGNIVIGUE INVENDION ?...
PROUT !
VIN
DURK ET DE GROOD

# ça, c'est du spore !

DEBOUUUUT!
DZING DZING
TARATATSOIN
FLURFLUR
ALERTE! C'EST "HURLATOR LE RETOUR"!
DEBOUT, DISCIPLE, OU JE VOUS TROMBLONNE!...
DRIIIIING
DRIIIIIING
EUH...
DEBOUT, DISCIPLE, ET ALLEZ OUVRIR, VITE!
DISCIPLUSIMPLEX
BLAM
MAIS QUE FONT-ILS LÀ-DEDANS, BON SANG?...
DRIIING
AH! TOUT DE MÊME!
iiii
OUI!... C'EST POUR QUOI?
GLP!
MAÎTRE CORBAULT, NOTAIRE!... JE VIENS VOIR UN CERTAIN BASILE!
C'EST MOI! MAIS VOUS M'EXCUSEREZ, J'AI QUELQUES DÉBRIS À RECOUDRE!...
SNIF!
SALUT, COUSIN!
36

C'EST PAS UN PEU LARGE, COMME POINT, RAOUL ?... JE...
CE N'EST QUE LE BÂTI. JE PEAUFINERAI PLUS TARD !...
J'AIME LE CHOIX DES MOTS !
ALORS, ÇA VIENT ?... J'AI PAS QUE ÇA À FAIRE, MOI !
BON !... UN LOINTAIN COUSIN : G. PHILÉMON BARÉSYE S'EST SOUVENU DE VOUS LORS DE LA RÉDACTION DE SON TESTAMENT ET VOUS LÈGUE CECI !...
SIGNEZ LÀ !
PHILÉMON BARÉSYE, L'EXPLORATEUR ?...
CELUI-LÀ MÊME !... MERCI ET AU REVOIR !
ALORS, DISCIPLE ?... C'EST PAS QU'ON SOIT CURIEUX, MAIS ON AIMERAIT SAVOIR ?
HÉLÀ ! C'EST MON HÉRITAGE !...
OH, HÉ, HEIN ?
SNOB !
NOUVEAU RICHE !
CRÂNEUR !
37
DISCIPLE, JE SUGGÈRE VIVEMENT QUE VOUS NOUS FASSIEZ PARTAGER VOTRE JOIE !...
VOUS SAVEZ, MOI, QUAND ON ME LE DEMANDE GENTIMENT...
IL Y A UN MOT DANS L'ENVELOPPE !

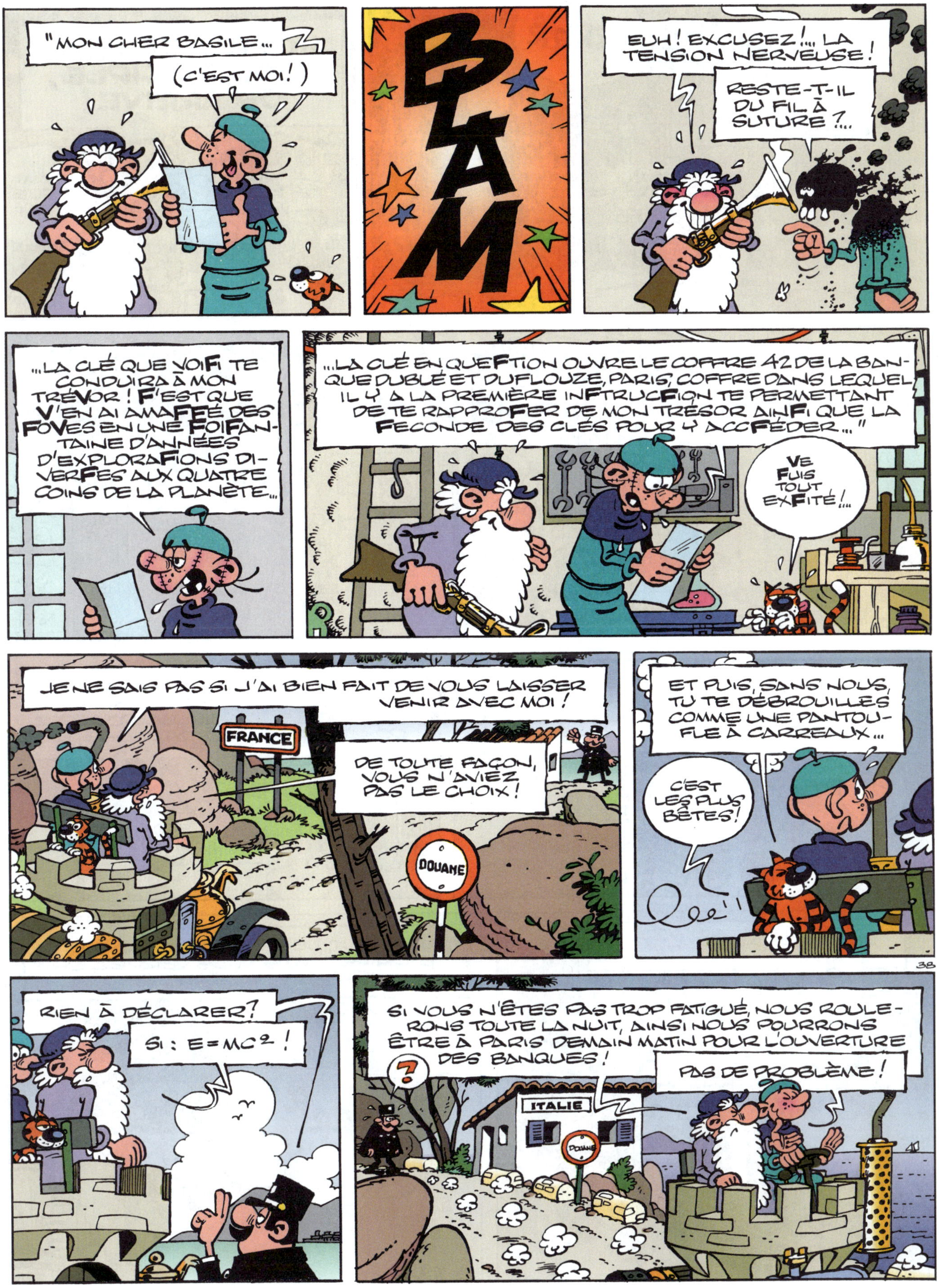
"MON CHER BASILE...
(C'EST MOI!)
BLAM
EUH! EXCUSEZ!... LA TENSION NERVEUSE!
RESTE-T-IL DU FIL À SUTURE ?...
...LA CLÉ QUE VOIFI TE CONDUIRA À MON TRÉVOR! F'EST QUE V'EN AI AMAFFÉ DES FOVES EN UNE FOIFANTAINE D'ANNÉES D'EXPLORAFIONS DIVERFES AUX QUATRE COINS DE LA PLANÈTE...
...LA CLÉ EN QUEFTION OUVRE LE COFFRE 42 DE LA BANQUE DUBLÉ ET DUFLOUZE, PARIS, COFFRE DANS LEQUEL IL Y A LA PREMIÈRE INFTRUCFION TE PERMETTANT DE TE RAPPROFER DE MON TRÉSOR AINFI QUE LA FECONDE DES CLÉS POUR Y ACCFÉDER..."
VE FUIS TOUT EXFITÉ!...
JE NE SAIS PAS SI J'AI BIEN FAIT DE VOUS LAISSER VENIR AVEC MOI!
FRANCE
DE TOUTE FAÇON, VOUS N'AVIEZ PAS LE CHOIX!
DOUANE
ET PUIS, SANS NOUS, TU TE DÉBROUILLES COMME UNE PANTOUFLE À CARREAUX...
C'EST LES PLUS BÊTES!
RIEN À DÉCLARER?
SI : E=MC²!
SI VOUS N'ÊTES PAS TROP FATIGUÉ, NOUS ROULERONS TOUTE LA NUIT, AINSI NOUS POURRONS ÊTRE À PARIS DEMAIN MATIN POUR L'OUVERTURE DES BANQUES!
?
ITALIE
DOUANE
PAS DE PROBLÈME!

ZZZZZ
ZZZZ
RRRRR
HO! RÉVEILLEZ-VOUS, DISCIPLE, ON ARRIVE!
HMM... Z'GUE Z'EST ?...
Z
PARIS
Banque Dublé & Duflouze
?
... IL TE FAUDRA TE RENDRE AU PÔLE NORD, LÀ, TU RENCONTRERAS MON AMI ESKIMO TRAKTAPOUM QUI TE DONNERA LA DEUXIÈME CLÉ...
?
ÇA SERA L'OCCASION DE TESTER LES AMÉLIORATIONS DE MA LÉOMOBILE, DISCIPLE !... POUSSEZ DONC SUR LE BOUTON JAUNE, LÀ !...
?
DES... DES AILES ?!?...
OUI... ÇA IRA PLUS VITE !
VRRRR
CLAC
CLAC
AU DÉBUT, LE PILOTAGE DÉCONCERTE UN PEU, MAIS VOUS VERREZ, ON S'Y FAIT TRÈS VITE !
RRRRRR

BREF...
AUCUN DOUTE, DISCIPLE, NOUS SOMMES BIEN ARRIVÉS!
GRRR
BIENVENUE CHEZ LES INUITS KALINES!
SI VOUS VOULEZ BIEN VOUS DONNER LA PEINE D'ENTRER!...
FUMONS D'ABORD LE PÉTARD DE L'AMITIÉ!...
VOUS SAVEZ, JE NE FUME PAS ET...
LE PÉTARD DE L'AMITIÉ NE SE REFUSE JAMAIS À MOINS QUE VOUS NE PRÉFÉRIEZ L'ALTERNATIVE...
ET... C'EST QUOI, L'ALTERNATIVE?
ÉTRANGLER UN OURS À MAINS NUES!
EH OUI!... JE SUIS LÂCHE... ET ALORS?...
MUF MUF
ET MAINTENANT, À TABLE!...
IL EST TEMPS! CETTE PETITE PIPE M'A DONNÉ UNE DE CES FAIMS!
MIOM MIAM SLURP BOARP
ENCORE UN PEU DE LARD DE PHOQUE CRU?...
EUH!... NON MERCI, SANS FAÇON!...

ET POUR TERMINER EN BEAUTÉ, UN VIEUX MARC !...
BONNE IDÉE, ÇA VA NOUS REMET... EUH NOUS RÉCHAUFFER !
VOUS M'EN DIREZ DES NOUVELLES, C'EST FAIT MAISON !...
GLOU GLOU GLOU
?
GLOU !
GLOU !
GLOU !
D'OÙ LE NOM " IGLOO " !...
?
BÊÊRK !
EUH... IL EST FAIT AVEC QUOI, VOTRE VIEUX MARC, LÀ ?...
QUEUE DE RENNE MARINÉE DANS DE L'HUILE DE FOIE DE MORUE !
REVENONS AUX CHOSES SÉRIEUSES !... MON AMI PHILÉMON, L'EXPLORATEUR, M'A DIT QU'UN JOUR IL ME FAUDRAIT REMETTRE CETTE ENVELOPPE À UN CERTAIN BASILE !... C'EST LEQUEL DE VOUS DEUX ?...
HO !... SOYEZ POLI AVEC MOI, HEIN !
MAINTENANT QUE TU AS LA 2ÈME CLÉ, RENDS-TOI EN AMAZONIE, CHEZ MON EXCELLENT AMI MAKARAOUNI, DE LA TRIBU DES PAATFOLS !
IL TE REMETTRA LA 3ÈME CLÉ !...
41
HIC !
BURP !
VRRRRRRR
GRRR !
LÉO3

...OUI, C'EST MOI, MAKARAOUNI !... OUI, J'AI BIEN REÇU UNE CLÉ ET UN MOT POUR UN CERTAIN BASILE...
MAIS JE VOUS GARDE À DÎNER, ÇA VA DE SOI, ON DISCUTERA APRÈS !...
MIAM ! CH'EST BON !... QU'ECHE QUE CH'EST ?
VERS DE VASE AUX OEUFS DE MYGALE !...
VOUS ET VOS QUESTIONS STUPIDES !...
MERCI POUR TOUT !... C'ÉTAIT PARFAIT !
FAUT VITE LE DIRE !
GROUIÏ
À TABLE !
AAARGH
42
ET ALORS !... ON FAIT LA FINE BOUCHE POUR MES VERS DE VASE PUIS ON VEUT GOÛTER DE L'ANACONDA !...
HEUREUSEMENT, MAKARAOUNI N'EST PAS RANCUNIER !...
À LA NICHE, TOI !

FLAP FLAP FLAP
ON N'AURAIT JAMAIS DÛ ACCEPTER DE RESTER POUR LE PETIT-DÉJEUNER... JE NE DIGÈRE PAS BIEN LA MYGALE !...
MOI, C'EST PLUTÔT LE GOÛT ACIDE DES GLANDES À VENIN QUI ME PÈSE SUR L'ESTOMAC !
ET DE PLUS, NOUS VOILÀ EN ROUTE VERS LE NOUVEAU MONDE, OÙ, PARAÎT-IL, ON DEVRAIT TROUVER LA QUATRIÈME ET DERNIÈRE CLÉ QUI NOUS OUVRIRA LE COFFRE AU TRÉSOR !
J'TE PARLE PAS DU JET-LAG !
... PAS MÉCONTENT D'ARRIVER !...
VA FALLOIR SE POSER DANS LE NOIR ET JE NE SUIS PAS FOU DE ÇA, MOI !
QU'EST-CE QU'IL VA ENCORE NOUS ARRIVER ?
VAUT MIEUX PAS PENSER !... DORMONS !
ZZZZZ
RON !
YATAKAWA KÉTAMOTO !
TAM TAMTAMTAM TAMTAM TAM
43
YATAONDA KÉTONOTO !
UGH !
TATOOKAPOTÉ...
UN INSTANT !
C'EST CELUI QUI LE DIT QUI L'EST !

L'UN D'ENTRE VOUS S'APPELLE-T-IL "OURS MAL LÉCHÉ" ?
JE !
NOUS SOMMES VENUS RÉCUPÉRER UNE CLÉ ET UN PETIT MOT, C'EST TOUT, APRÈS, ON S'EN VA !
KLÉ?
PROMIS !
JE NE CROIS PAS QU'ILS AIENT BIEN COMPRIS VOTRE MESSAGE !...
UN LÉGER DOUTE M'ASSAILLE AUSSI !...
EUH... ATTENDEZ...
G. PHILÉMON BARÉSYE !
WOULOU... ???
PHILÉMON AMI VOUS ?!...
DA !
44
OGLADI OGLADA !
... PARAÎT QU'ON DOIT RETOURNER À LA BANQUE À PARIS OÙ L'ON NOUS OUVRIRA LE COFFRE 428 ET C'EST LÀ QUE SE TROUVE LE TRÉSOR !
PFFF ! ÇA, C'EST LA MEILLEURE !...
I'M A POOR LONESOME CAT !...

POUSSEZ DONC SUR LE BOUTON BLEU AZUR...
?
DZZZZIII
CLIC CLAC
CLAC
WAAAAAAAAAA
UN POIL PLUS TARD...
Banque Dublé & Duflouze
IL FAUDRA IMPÉRATIVEMENT QUE JE REVOIE LA MISE AU POINT DES RÉTROFUSÉES!
VOUS M'ÔTEZ LES MOTS DE LA BOSSE!...
C'EST LA VIE D'AVENTURIER QUI M'A ENRICHI!... JE VOULAIS T'EN FAIRE PROFITER!... JE N'AI PAS LE SOU, MAIS J'ESPÈRE QUE TU T'ES BIEN AMUSÉ!
TU PARLES!... ON A EU LES PIRES ENNUIS ET ON SE RETROUVE SANS UNE LIRE!
PLUS TARD...
DRRING
ON SONNE, DISCIPLE, ALLEZ OUVRIR!
AÏE!
MAÎTRE CORBAULT!... ENCORE?
BEN OUI!... J'AI ICI L'HÉRITAGE DE VOTRE COUSIN PAR MÉSALLIANCE GAËTAN VALACRUCHALO ET...
45.
NAN!
SLAM
ALORS, DISCIPLE, QUI ÉTAIT-CE?...
BOF!... RIEN D'IMPORTANT, UN IMPORTUN!...
ÇA ALORS!... C'EST LA PREMIÈRE FOIS QUE JE VOIS QUELQU'UN REFUSER UN CHÈQUE DE 5.000.000.000.000 DE LIRES!...
LÉONARD GÉNIE
FIN